ARRESTATION A METZ

D'UN

ESPION FRANÇAIS

PAR

PAUL MANGIN

Directeur de la Société anonyme
des Déchets de la Fabrique de Sedan

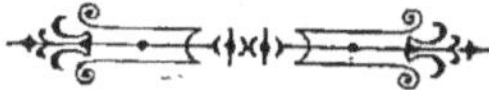

Vendu au profit des pauvres de Sedan

50 centimes

ARRESTATION A METZ

D'UN

ESPION FRANÇAIS

PAR

PAUL MANGIN

Directeur de la Société anonyme
des Déchets de la Fabrique de Sedan

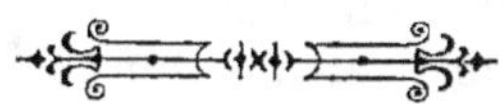

Pourquoi suis-je allé en Lorraine,
à Metz, à Verny.

J'ai voulu profiter de l'abolition des passeports
pour revoir le clocher natal et ce pays de Verny où
mon regretté père a laissé de bien bons souvenirs...

Mes affaires terminées à Longuyon, j'avais un train
à 3 h. 50 qui pouvait me conduire à Metz à 8 h. 1/2,
mais il fallait faire un détour et passer par le Luxembourg, tandis que les trains dans les autres directions
ne peuvent arriver à Metz qu'à 11 h. 1/2 par Thion-
ville et à 10 h. 1/2 par Pagny.

Je partis donc par le Luxembourg et je m'arrêtai
une demi-heure à Bettembourg où devait passer à
l'express de Luxembourg à Metz.

Je monte dans cet express où se trouvaient deux
voyageurs conversant entre eux en allemand.

Sur le point d'atteindre Metz et ne connaissant
plus la ville, où je n'étais pas retourné depuis 25 ans,
je m'adresse à un jeune homme de 28 à 30 ans et lui
demande en français s'il connait Metz ; il me répond
affirmativement. Je m'informe également s'il sait où
se trouve la place Saint-Martin et si elle est éloignée
de la gare ; il répond, à ma satisfaction, à toutes ces
questions.

Je m'enquiers enfin s'il y a un hôtel sur la place
Saint-Martin ; il me dit que non, mais ajoute qu'il est
logé dans l'hôtel de Luxembourg, tout près de la
place Saint-Martin où je dois être avant 6 heures du
matin pour prendre la diligence de Verny. Je lui
demande si je puis le suivre à l'hôtel de Luxembourg,
à notre arrivée à Metz. Il me répond qu'il ne demande
pas mieux ; et ainsi finit à peu près notre entretien
jusqu'à notre entrée en gare.

Nous descendons du train tous les deux, et le
troisième voyageur disparaît. L'hôtel de Luxembourg
est assez proche de la gare. Mon compagnon de
voyage m'indique, avant d'entrer à l'hôtel, la position

de la place Saint-Martin : la deuxième rue à gauche d'une autre petite rue qu'il me montre.

Nous entrons ensemble à l'hôtel : il était 9 heures moins quelques minutes. N'ayant pris depuis midi qu'un petit pain à Bettembourg, je m'installe tout de suite à la salle à manger et je réclame la carte : je me commande un beefteack.

Pendant ce temps, mon compagnon de route se met à table également ; il laisse deux chaises d'intervalle entre nous et ordonne son dîner ; mais il se fait servir de suite une bouteille de vin de Moselle et me dit qu'il préfère ces vins aux vins du Rhin ; je lui réponds que ces deux crûs sont agréables et que nos Bordeaux, nos Bourgogne et nos Champagne sont de bien bons vins aussi ; en un mot, nous parlons *vins*.

Après notre repas, je demande ma note au garçon, lui disant de marquer une chambre pour une nuit ; ce qu'il fait. A ce moment, je remets, au même garçon ma carte de visite pour qu'il prenne mes noms et qualité ; ledit garçon me fait remarquer qu'il est inutile de donner son nom pour une nuit ; mais mon voisin de table prend ma carte et me donne la sienne que je mets dans ma poche.

Je demande alors à l'hôtel un verre de bière, pour boire en fumant un cigare. On me répond qu'on ne sert pas de bière.

Mon compagnon de voyage me propose d'aller prendre un verre de bière dans un grand café où a lieu un concert exclusivement instrumental donné par une société philharmonique ; « ce café, me dit-il, est à quelques pas de l'hôtel. »

Dans l'intervalle des morceaux, mon compagnon m'adresse plusieurs fois la parole sur des questions n'ayant aucunement trait à l'armée. Il me raconte même qu'il a été la semaine précédente à Paris et qu'on l'a mandé chez le commissaire de police pour avoir fait du bruit, rue Feydeau, dans un établissement public. Craignant d'être ennuyé, en qualité d'allemand, il était rentré tout de suite en Allemagne.

A un certain moment, il me demanda si j'avais servi en 1870 ; je lui répliquai que j'avais servi en qualité de garde national, bien que n'étant âgé que de 17 ans à l'époque ; il s'informa si je n'avais pas été franc-tireur ; je lui répondis que c'était bien comme garde national que j'avais servi, et que je n'avais point été prisonnier.

Comme il y avait un très beau sabre, pendu à côté de moi, je lui demandai si c'était un sabre d'officier ;

il me dit que c'était un sabre de sergent-major. Il
me questionna si j'étais encore militaire : je lui dis
que j'étais de la réserve de l'armée territoriale : —
quel grade j'occupais ? — je répartis que j'étais
sous-officier et qu'en temps de guerre, j'aurais également un beau sabre comme celui qui était appendu
au mur.

Vers la fin du concert, voyant non loin de nous,
un sous-officier allemand avec une de ces grandes
capotes dont on ne pourrait définir la couleur. je dis
à mon voisin : « celui-là a une bien laide capote ;
mais celui-ci, un peu plus près de nous, en a une
en beau drap. Il me répliqua que ce dernier avait
payé sa capote sur son argent personnel.

« Voilà, je l'affirme sur mon honneur de Français,
tous les renseignements militaires que j'ai demandés
au misérable qui m'a lâchement dénoncé comme
espion.

« Il est *absolument faux* que j'aie fait une allusion,
même indirecte, aux forts de Metz, à sa garnison, etc.
Oui, je donne le plus formel démenti à mon voisin
qu'il ait été tenu d'autres propos militaires que ceux
rapportés ci-dessus. »

—Le concert terminé, nous retournâmes tous deux
à l'hôtel et nous nous souhaitâmes le bonsoir. Je
montai dans ma chambre et me couchai. J'avais
prévenu le garçon de l'hôtel de me faire réveiller à
5 heures du matin.

En effet, à 5 heures précises, on vint frapper à ma
porte : je me levai immédiatement et, comme j'ache-
vais de m'habiller, on frappa de nouveau.

« Entrez, » criai-je, et aussitôt deux gendarmes
firent irruption dans la pièce et me demandèrent si
j'étais bien M. Mangin ; sur ma réponse affirmative,
ils me prièrent de les suivre et d'emporter toutes
mes affaires, ce que je fis.

Je fus peu impressionné de cette visite si matinale.
ayant la conscience absolument tranquille. Dans la
rue se tenaient trois autres policiers ; ce déploiement,
si considérable de force, m'étonna, mais ne m'effraya
point.

Je ne m'enquis même pas où l'on me conduisait ;
mais je fus bientôt arrivé au poste situé rue des
Trois Boulangers, où je devais rester près de douze
mortelles heures !!

Arrivé là, on m'enjoignit de vider toutes mes
poches sur la table. Je m'exécutais ; je sortis des
journaux que j'avais pris pour mon voyage, mes

cartes de visite, mon porte-cigare, mon porte-monnaie, ma montre, un échantillon de déchets pour engrais ; on eût l'obligeance de me rendre un mouchoir !!

Après cette opération, commença un premier interrogatoire peu sérieux ; on fit un paquet de tous les objets dont on m'avait dépouillé et on les enferma à clef dans un tiroir.

Je cherchai *alors* à savoir ce qu'on me voulait : on m'avertit que la commandature de Metz avait prescrit de m'arrêter. « Pourquoi demandais-je ? » On me répliqua que je serais édifié vers 8 heures du matin, et comme il était 5 heures 1/2 à la pendule du poste, j'avais donc à attendre 2 heures 1/2.

Mon attente fut réellement de 3 heures 1/2 !!

Ce temps me parut d'une longueur désespérée ; il me semblait que les aiguilles du cadran n'avançaient pas.

Enfin, à 9 heures 1/2, un inspecteur de police, en tenue bourgeoise, vint me parler et me fit lui raconter ce que j'avais fait pour être arrêté et ce que je venais faire dans le pays.

Me doutant bien un peu de la qualité de mon interlocuteur, je lui narrai la conversation ci-dessus, avec mon compagnon de route ; je lui dis que je venais pour vendre des déchets de laine pour engrais, dont j'avais du reste un échantillon avec moi. L'inspecteur m'interrompit : « Ah ! vous avez avec vous échantillons des produits que vous désirez vendre ? » Je le lui affirmai.

J'avais donné rendez-vous à 8 heures à un des plus grands propriétaires du pays : M. Juste, à Verny, avec lequel j'espérais faire des affaires. Ce monsieur était un vieil ami de la famille ; il se trouvait à Verny, greffier de mon pauvre père et m'aimait beaucoup.

Je demandai à ce monsieur si l'on ne pourrait pas le faire prévenir ; il remit cela à plus tard. Dans le récit de mes faits et gestes, j'avais parlé, bien entendu, de celui avec qui j'avais voyagé et passé la soirée. Tout à coup, je me rappelle qu'il m'a remis sa carte ; j'en fais part immédiatement à l'inspecteur qui me dit : « Donnez-moi tout de suite cette carte ; ce monsieur est évidemment votre dénonciateur. Est-il monté se coucher en même temps que vous ? » Je n'en savais rien, ayant gagné ma chambre ; et lui, étant resté dans la salle à manger où j'étais allé chercher ma couverture de voyage.

J'observai à l'inspecteur qu'on m'avait dépouillé

complètement et que la carte devait se trouver dans le paquet contenant mes affaires.

Il réclama la clef du tiroir à un homme du poste, et nous découvrîmes tout de suite la carte d'un Christophe Béringer, libraire, à Stuttgart.

Aussitôt, l'inspecteur s'en empara et la garda ; on ne me l'a jamais rendue.

Il parut enchanté de la posséder et me prévint qu'il partait immédiatement pour voir l'individu à l'hôtel de Luxembourg et l'interroger.

Vers 10 heures 1/2, l'inspecteur me chercha et me fit monter au premier dans un grand et vaste bureau où était un petit monsieur à lunettes.

A ce moment, commença un long interrogatoire, où il ne fut question, pendant la première partie, que de mes noms, prénoms et position, de mes *intentions* en venant dans la région : de quelles façons étaient établies mes relations avec M. Juste, de Verny ?

Je lui fis, bien entendu, les mêmes réponses qu'à l'inspecteur. Ensuite vint l'interrogatoire concernant mes rapports avec mon délateur. Il finit par me dire : « Je viens de voir, à l'instant, le monsieur avec lequel vous avez voyagé et passé la soirée ; il a fait une déposition. »

J'exprimai aussitôt le désir d'en prendre connaissance ; on me montra, de loin, une feuille de papier écrite en allemand : c'étaient pour moi des hiéroglyphes. Je dis au grand chef de la police de Metz que j'étais désormais absolument tranquille sur l'issue de mon affaire, attendu que je n'avais abordé *aucun*, *absolument aucun* sujet militaire avec ce monsieur, pas plus qu'avec âme qui vive ; je riais maintenant de mon aventure et je demandai de suite si j'étais libre.

Le grand chef reprit la parole : « Alors, M. Mangin, vous affirmez sur votre honneur que vous n'avez pas espionné et n'avez jamais eu cette intention ?

« Comment donc, Monsieur, m'écriai-je avec force, en levant la main : *je le jure !* »

— Sur ces dernières paroles, le grand chef sort de la pièce où nous nous trouvions, appelle, dans le couloir, l'inspecteur qui avait assisté à l'interrogatoire et lui glisse quelques mots en allemand que je ne compris pas, bien entendu.

L'inspecteur rentre et me dit d'un ton aimable :

« Eh bien, M. Mangin, je vais transcrire les différentes réponses que vous venez de formuler ; vous aiderez ma mémoire. »

L'inspecteur prit la plume, et plusieurs fois il lui arriva de la poser, en murmurant: « mais quelle affaire ridicule ! quel travail sur les bras, pour cet *imbécile et méchant dénonciateur !* »

— Pendant la rédaction du rapport, un employé vint ouvrir un tiroir qui était près de moi et dans lequel j'aperçus deux petits revolvers.

« Pardon, dis-je à cet employé, *comme je suis un espion,* je souhaiterais savoir, pour le répéter en France, si ces revolvers sont des revolvers d'infanterie ou de cavalerie ? »

L'inspecteur et l'employé se mirent à rire de tout leur cœur, en me disant : « C'est grave, Monsieur, ce que vous demandez-là ; mais nous tenons à vous satisfaire. Eh bien, Monsieur, ce sont des revolvers d'infanterie pour des hommes à pied et de cavalerie pour des hommes à cheval. »

Voilà, Monsieur, dis-je en me tournant vers l'inspecteur, le renseignement le plus important, au point de vue militaire, que je demande depuis que je suis en Allemagne.

« C'est vrai, me dit-il, je le reconnais. »

— L'inspecteur me donna connaissance du rapport qu'il venait de rédiger ; il hésita souvent en me le lisant et me fit remarquer qu'il l'avait écrit en allemand et me le traduisait en français.

Cette traduction me parut conforme à la vérité, sauf quelques phrases insignifiantes qui n'étaient pas complètement ce que j'avais dit.

« Voyez donc de quelle niaiserie il s'agit, observat-il, est-ce la peine de recommencer mon rapport ? »

Entre autres choses, dans la question sur les draps de capote, l'inspecteur avait mis que j'avais demandé de quelle arme était le sous-officier qui portait cette capote, de couleur indéchiffrable !...

Enfin, il me passa le rapport à signer.

Je lui fis remarquer que, comme je ne soupçonnais pas ce qu'il avait bien pu écrire en allemand, je signerais seulement pour faire preuve de bonne volonté, tout en faisant des réserves.

Alors revint le petit Monsieur à lunettes que j'ai pris pour le grand chef de police.

Je suppose que, pendant la rédaction du rapport, il était allé voir mon fameux paquet, contenant les différents papiers et objets renfermés dans mes poches.

Il vint à moi en souriant et me dit : « Vous allez

trouver M. le Procureur impérial, et je ne doute pas que votre affaire ne soit sur le point d'être terminée. »

—Hélas ! il était midi et je ne devais être libre que vers 5 heures du soir.

On me ramena au poste et l'on me rendit le paquet dont on me fit donner décharge.

Je commençais à respirer, mais ce qui allait m'être bien pénible, c'était de traverser Metz à midi, escorté de la force armée, pour me rendre au palais de justice. On me fit entrer dans un immense bureau où se trouvaient beaucoup d'employés. Il me serait difficile de décrire l'émotion que j'éprouvai en me retrouvant traduit comme espion dans ce tribunal, où mon vénéré père avait siégé comme juge auditeur.

— Un gendarme qui m'accompagne, remet mon dossier à un employé : celui-ci en prend connaissance, pendant que plusieurs employés lisent au-dessus de l'épaule du premier.

Bientôt tous partent d'un éclat de rire et me regardent d'un air curieux.

Enfin, l'on m'introduit chez M. le Procureur à qui l'on vient de communiquer mon dossier. Il me pose fort peu de questions, mais me dit qu'il lui faut absolument voir mon dénonciateur.

Il se met immédiatement à son bureau et écrit une lettre, puis se lève, et se dirige vers moi en disant : « Je donne l'ordre à la police qu'on retrouve cet individu et qu'on me l'amène à 4 heures.

« Mais moi, je suis libre, n'est-ce pas, Monsieur, lui dis-je.

« Non, me répond-il, nous verrons après 4 heures.

« Mais enfin, M. le Procureur, puisque je n'ai rien fait, pourquoi me garder ?

« Vous comprenez, dit-il, les circonstances actuelles de nos relations avec la France, m'obligent à m'assurer par moi-même de la vérité de cette affaire ; je verrai votre délateur à 4 heures. »

Sur ce, mon garde-chiourme me fait signe de le suivre.

Je m'approche encore du Procureur et sollicite de lui l'autorisation de prévenir ma femme que, contrairement à mon intention, je ne pourrai rentrer le soir.

« Nous verrons, Monsieur, nous avons le temps de penser à cela : je vais ordonner qu'on vous autorise à faire demander votre déjeuner de l'hôtel. »

« En effet, il reprend la lettre des mains du policier qui m'escorte et libelle quelques mots.

Enfin, nous partons ; je traverse une fois encore toute cette belle esplanade de Metz où j'avais joué, dans mon enfance ; accompagné comme je le suis ! quel contraste !!!

Je rentre donc au poste vers une heure de l'après-midi ; il y avait 8 heures que j'étais arrêté !

On m'apporte, sur ma demande, une tranche de viande, un verre de bière et un petit pain allemand, grand comme deux pièces de cinq francs.

Le garçon installe ma maigre pitance sur la table graisseuse du poste ; mon cœur se soulève, mais, réfléchissant que je suis père de six enfants, j'essaie de surmonter mon dégout et j'ai bien de la peine à manger quelques bouchées.

Il est une heure 1/2 quand mon repas prend fin ; je constate avec terreur que je dois attendre encore 2 heures 1/2 avant de revoir le Procureur.

Cependant, la pensée que je pourrai peut-être me trouver en face du misérable qui est la cause de mon arrestation, me rend du courage. J'espérais qu'il me serait permis de lui cracher mon mépris à la face, pour le rôle abject qu'il avait joué. Hélas ! ce bonheur ne m'a pas été accordé !

Au terme de mon aventure, j'eus un moment de douce hilarité.

Vers 4 heures 1/2, j'entendis une voix qui grognait quelque chose en allemand ; aussitôt l'un de mes gardiens sortit à cet appel ; quelques instants après, une autre voix retentit encore au fond de la pièce et mon autre gardien sortit également, laissant entrebaillée la porte du poste donnant sur la rue.

On ouvrait la cage, croyant probablement que l'oiseau impatienté par 11 heures 1/2 de détention, allait prendre son vol. Je restai de 3 à 4 minutes complétement seul et par conséquent chef de poste ; ma consigne était donc de ne pas l'abandonner, étant homme de devoir avant tout.

Enfin, un de mes gardiens revient, je lui fais remarquer qu'en France, quand on reprend son poste, on reprend également la consigne ; je lui dis que tout mon monde avait été bien sage et que personne, ni même moi, ne s'était sauvé !...

« Inutile de plaisanter me dit-il, en bon français, je dois vous conduire chez M. le Procureur impérial.

« Eh bien, en avant, marche, je suis prêt à retraverser toute l'esplanade en votre compagnie, je préférerais, cependant, le faire avec ma bonne comme il y a quelque 30 ans ! »

Aussitôt arrivé au palais de justice, je suis introduit près du Procureur qui se lève et me dit :

« *Monsieur, je viens de voir le personnage qui vous a attiré tous ces désagréments : vous êtes* **la victime d'une dénonciation basse et méchante,** *et je vous en exprime mes regrets ; vous êtes libre, Monsieur Mangin, d'aller à Verny. Vos allures, vos manières vives et votre physionomie, vous avaient fait prendre pour un officier français, et votre dénonciateur, étant lui-même officier dans l'armée allemande, avait cru faire acte de patriotisme en avisant le commandant de place de votre présence à Metz.* »

— Il est inutile de dire le soupir de soulagement et de satisfaction que ces paroles me causèrent, bien que ma conscience ne m'eût rien reproché dans cette aventure ; et pendant ces douze heures de détention, seul mon cœur saignait.

Je fis deux pas en avant et le procureur également ; je lui dis :

« *Monsieur, je suis un homme dont personne n'a jamais parlé, et je désire vivre toujours dans l'oubli ; j'ai une supplique à vous adresser : — Vous serait-il possible de faire que les journaux ne parlent pas de moi ?*

« Certainement, me répondit le procureur, *je ne ferai adresser aucun communiqué à la presse.* »

« — Je vais ajouter autre chose encore, Monsieur, maintenant que cette affaire malheureuse pour moi est terminée, je dois me souvenir de mon *Pater* et pardonner les offenses envers le prochain. Je pardonne donc à ce misérable. Je tiens à ajouter que je comprends que des nations ennemies se défendent réciproquement contre l'espionnage ; mais la dénonciation *basse*, comme vous l'avez dit, et dont j'ai été l'objet, est inqualifiable, n'est-ce pas ?

— Sur ce, je m'inclinai devant M. le procureur ; il avança légèrement la main, mais je fis demi-tour aussitôt.

Mon garde-chiourme n'était plus là : il m'attendait dans la cour du palais, s'avança et me tendit la main ; je la pris et la serrai : puis il me dit : « Au revoir, Monsieur Mangin ; quel malheur !!... »

— Je me précipitai sur l'esplanade ; il était cinq heures du soir.

J'entrai immédiatement au bureau télégraphique